AF316628

LES QUARANTE-DEUX POINTS D'ENSEIGNEMENT PROFÉRÉS PAR BOUDDHA

JOSEPH GABET

ÉVARISTE HUC

FV ÉDITIONS

TABLE DES MATIÈRES

Traduit du mongol par MM. Gabet et Huc, missionnaires lazaristes.[1]

Avec notes critiques par
M. BONNETTY.

---

1. Le livre appelé en chinois : *Too-cho-sse-che-eul-tchang-king* ; en thibétain : *Pak-ba-âoum-bou-ji-ni-bà-shi-kia-nï-to* : en mandchou : *Foutchiki-y-omoulaka-deki-dchoué-flyélen-nomoun* ; en mongol : *Khotokton touchin-koier-gnesik-to-kemektekou-soter*, est composé pour rendre hommage aux trois majestés. L'exemplaire dont se servaient les deux missionnaires, contenait le texte en quatre langues, savoir : la langue *thibé-taine*, la langue *mantchoue*, la langue *mongole* et la langue *chinoise*.

AVANT-PROPOS

Le travail que nous publions ici, s'il était séparé
de la méthode traditionnelle exposée avec tant de
soin dans nos *Annales* seules, serait très-dange-
reux. En effet, tous ceux qui ne sont pas au fait de
la philosophie traditionnelle seraient facilement
scandalisés de voir des préceptes si purs professés
dans la *religion bouddhique*, ce sont ces préceptes
qui, tombant dans l'intelligence des philosophes
rationalistes purs, tels que MM. Quinet, Vacherot,
Saisset, les ont portés à conclure directement que
le Christianisme avait emprunté ses dogmes à
l'Orient, et que l'esprit humain n'avait pas eu besoin du *Verbe personnel* de Dieu, du Christ, pour
inventer une morale pure. Les lecteurs des *Annales*
sont seuls capables de bien comprendre ces graves

enseignements, et c'est pour cela que nous n'hési-
tons pas à les mettre sous leurs yeux.

LES QUARANTE-DEUX POINTS D'ENSEIGNEMENT PROFÉRÉS PAR BOUDDHA

En ce temps-là[1], Bouddah, le suprême des êtres, ayant révélé ses enseignements, ils se propagèrent de la manière suivante. Cinq hommes du rang des initiés, parvenus par le dépouillement de leurs passions à une paix profonde et inaltérable, passaient leurs jours dans une *sublime contemplation* dans le dessein de dompter la troupe des démons ; le *tchukor*[2] tournait incessamment dans leurs mains ; retirés paisiblement dans un parc de cerfs, ils nourrissaient l'ambition d'illuminer le monde ; et, parce qu'ils demandaient humblement à entrer plus avant dans les initiations des mystères, et parce qu'ils étaient sortis victorieux des quatre grandes épreuves, et parce qu'incessamment le tchukor des prières roulait dans leurs mains, pour eux. Bouddha daigna prononcer la prière *biktchosa* : ensuite, comme ils suppliaient Bouddha de vouloir bien dissiper toutes leurs incertitudes, Bouddha, le suprême des êtres, prenant le corps doctrinal, le leur développa point par point, avec ordre et clarté ; pour eux, ils écoutaient ces saints oracles avec un cœur plein de respect, d'attention et d'humble docilité. Ce fut alors que Bouddha, le suprême des êtres, prononça les 42 points de l'enseignement qui renferme toute vérité[3].

1.

Bouddha, manifestant sa doctrine, prononça ces mots : L'homme qui, sorti de sa maison[4], a fait le sacrifice de sa famille, consacre ses efforts à marcher vers le sommet de la perfection, étudie à fond la racine de son cœur, initie les mortels aux prières, avec calme et constance, celui-là s'appelle *Charmana*... L'homme qui observe, sans jamais les violer, les 250 commandements, se conforme en tout aux quatre points de la véritable doctrine, parvient enfin à obtenir la pureté du cœur..., celui-là s'appelle *Arahoun*... Bouddha prononça ces mots : L'Arahoun peut de lui-même s'élever dans les airs, changer et reprendre sa première forme, se fixer dans son âge et sa destinée ; et quand il a acquis la puissance de faire mouvoir le ciel et la terre, alors il s'appelle *Siramangue-anahame*... Or, le Siramangueanahame, étant parvenu au terme de sa destinée, son âme monte 19 degrés du ciel ; alors victorieux des épreuves, il s'appelle *Siramangue-sagardagan*... Or, le Sagardagan, s'étant encore élevé d'un degré, transmigre encore une fois, et alors, victorieux des épreuves, il s'appelle *Siramangue-sourdaban*[5]... Or, le Sourdaban, après avoir subi 7 fois la mort et être rentré 7 fois dans la vie, victorieux encore, il coupe ses concupiscences, comme on retranche d'un arbre quatre branches inutiles[6]...

2.

Bouddha, manifestant sa doctrine, prononça ces mots : Le Charmana, qui a fait le sacrifice de sa famille et déraciné victorieusement ses passions, connaît jusqu'à la *source de son propre cœur*, et entre dans les profondeurs de la doctrine de Bouddha. Comme il a acquis l'intelligence de la nature incréée de Bouddha, son cœur n'a rien à ambitionner au dedans, rien à demander au dehors ; rien ne l'entrave dans la pratique de la vertu ; il ne s'embarrasse pas dans les troubles de la vie active, *sans pensées, sans travail*, sans rien poursuivre, sans rien obtenir, sans se fixer dans aucun rang : il parvient *de lui-même* au sommet et se nomme la voie[7].

3.

Bouddha, manifestant sa doctrine, prononça ces mots : Le Charmana qui, ayant rasé ses cheveux et sa barbe [8], a été initié aux prières de Bouddha, doit rejeter loin de lui les richesses du monde ; cheminant le *badir*[9] à la main, au milieu du jour, un repas frugal lui suffit ; il prend son sommeil, sous un arbre. Jamais, sous aucun prétexte, il n'ose rompre son jeûne, et il est plein d'affection pour les hommes qui le regardent comme un imbécile et un insensé[10].

4.

Bouddha, manifestant sa doctrine, prononça ces mots : Il y a pour les vivants 10 espèces d'actes qu'on nomme mauvais. Si vous demandez : Ces 10 mauvais actes, quels sont-ils ? Il y en a 3 qui appartiennent au corps, 4 à la parole, 3 à la volonté. Les 3 du corps sont : le meurtre, le vol, l'impudicité… Les 4 de la parole sont : les discours qui sèment la discorde, les malédictions outrageantes, les mensonges impudents, les paroles hypocrites… Les 3 de la volonté sont : l'envie, la colère, l'impatience… Si on ne croit pas aux 3 majestés, on aperçoit la vérité et on la nomme erreur. Les *Oubachi* s'adonnent sans relâche à l'observance des 5 devoirs, et, après s'être établis dans la pratique des 10 actes qu'on nomme bons, certainement ils iront se *confondre dans le grand principe*[11].

5.

Bouddha, manifestant sa doctrine, prononça ces mots : L'homme qui s'est plongé dans les vices et ne songe pas à s'amender, allant toujours, au contraire, accumulant les péchés dans son cœur, les péchés finiront par inonder son être, comme les eaux coulant dans la mer deviennent bientôt larges et profondes. Cet homme, comment pourrat-il être absous ?... Le méchant qui, comprenant son état, se repent et s'amende, se réhabilitera insensiblement dans le bien, et ses iniquités s'effaceront peu à peu[12]... Certainement un jour il ira se *confondre dans le grand principe*.

6.

Bouddha prononça ces mots en manifestant sa doctrine... S'il est un homme qui me regarde comme un méchant, et que de mon côté je prenne tous les moyens de le combler de bienfaits ;... s'il s'obstine à me poursuivre toujours de sa malice, et que toujours je persévère à lui faire du bien, pendant que la brise de la vertu soufflera incessamment sur moi, l'ouragan des calamités et du malheur se déchaînera toujours sur sa tête.

Un homme stupide voyant cette grande miséricorde proclamée dans la doctrine de Bouddha, entendant dire qu'il fallait rendre *le bien pour le mal*, se mit à vomir des outrages et des blasphèmes contre Bouddha. Bouddha, gardant le silence, se dit à lui-même : « Voilà qui provient de sa folie et de sa stupidité... » Quand il eut mis terme à ses invectives, Bouddha prononça ces mots : « Dis-moi, mon ami, si tu fais des politesses à un homme, et que cet homme n'y réponde pas, comment le traiteras-tu ? — Je le traiterai de la même manière » Bouddha prononça ces mots : « Maintenant, toi, tu m'as outragé, et moi, je suis comme n'ayant pas entendu tes injures. Or, puisque tu rends le mal pour le mal, les calamités s'attacheront à toi, comme l'écho répète le son, comme l'ombre suit le corps. À tout jamais tu ne pourras t'en débarrasser... Qu'on y fasse attention... Qu'on ait à s'abstenir du mal[13]... »

7.

Bouddha, manifestant sa doctrine, prononça ces mots : Le méchant qui persécute l'homme de bien, est semblable à l'insensé qui, renversant sa tête, crache contre le ciel ; son crachat ne peut souiller le ciel, il retombe, au contraire le souiller lui-même ; il est encore semblable à celui qui, avec un vent contraire, jette de la poussière aux hommes, la poussière ne peut salir les hommes, elle retombe, au contraire, sur son corps… Il ne faut pas persécuter les gens de bien ; si cela arrive, les calamités vous extermineront[14]. »

8.

Bouddha, manifestant sa doctrine, prononça ces mots : Efforcez-vous d'aimer les hommes qui marchent dans la bonne voie, sans acception de personne ; pratiquez la miséricorde, sans acception de personne. Rien de plus grand et de plus auguste que la vertu d'accorder des bienfaits. Si tu marches dans la voie en veillant sur ton cœur, la prospérité la plus grande naîtra sous tes pas. Si tu aimes et si tu applaudis l'homme qui suit la doctrine des bienfaits et de la miséricorde, certainement tu obtiendras le bonheur pour récompense. Quelqu'un venant à demander : Est-ce que le bonheur de cet homme réellement ne diminuera jamais ? Bouddha prononça ces mots : C'est comme, par exemple, une torche de feu ; quoique cent mille hommes viennent y allumer des flambeaux et qu'ils les emportent pour faire cuire leurs aliments et illuminer les ténèbres, cette torche de feu restera toujours la même. Le bonheur est semblable à cela.

Bouddha, manifestant sa doctrine, prononça ces mots : Donner à manger à un homme du commun, ne vaut pas donner à un homme de bien ; donner à manger à 1,000 hommes de bien, ne vaut pas donner à manger à un homme qui observe les 5 préceptes ; donner à manger à 10,000 hommes, qui observent les cinq préceptes, ne vaut pas donner à manger à un *Sourtaban* ; donner à manger à 1,000,000 de Sourtabans, ne vaut pas donner à manger à un *Ségertimeugue* ; donner à manger à 10,000,000 de Ségertimeugues, ne vaut pas donner à manger à un *Anagame* ; donner à manger à 100,000,000 d'Anagames, ne vaut pas donner à manger à un *Arahoun* ; donner à manger à 1,000,000 d'Arahouns, ne vaut pas donner à manger à un *Bendégéboun* ; donner à manger à 10 Bendégébouns, ne vaut pas donner à manger à *Bouddha*. Donner à manger au Saint qui, dans le désir de sauver tous les mortels, étudie avec amour les préceptes de Bouddha, c'est une félicité très-grande et très-profonde. Se donner au culte du ciel et de la terre, des bons et des mauvais génies, ne vaut pas honorer son père et sa mère.... Or, ce père et cette mère, c'est l'*esprit suprême*[15].

Bouddha, manifestant sa doctrine, prononça ces mots : Au-dessus du ciel, il y a 20 choses difficiles : 1º étant pauvre et dans l'indigence, accorder des bienfaits, c'est difficile ; 2º étant riche et élevé en dignité, étudier la doctrine, c'est difficile ; 3º ayant fait le sacrifice de sa vie, mourir véritablement, c'est difficile ; 4º obtenir de voir les prières de Bouddha, c'est difficile ; 5º avoir le bonheur de naître dans le monde de Bouddha, c'est difficile ; 6º transiger avec la volupté, et vouloir être délivré de ses passions, c'est difficile ; 7º voir quelque chose d'aimable et ne pas le désirer, c'est difficile ; 8º ne pas se porter vers ce qui est lucratif et honorable, c'est difficile ; 9º être injurié et ne pas s'irriter, c'est difficile ; 10º dans le tourbillon des affaires, se conduire avec calme, c'est difficile ; 11º étudier beaucoup et approfondir, c'est difficile ; 12º un homme qui n'a pas encore étudié, ne pas le mépriser, c'est difficile ; 13º étouffer et extirper l'orgueil de son cœur, c'est difficile ; 14º rencontrer un bon et un habile maître, c'est difficile ; 15º pénétrer les secrets de la nature et approfondir la science, c'est difficile ; 16º n'être pas ému par un état de félicité, c'est difficile ; 17º s'éloigner du bien et vouloir marcher dans la sagesse, c'est difficile ; 18º décider les hommes à suivre leur conscience, c'est difficile ; 19º que le cœur aille toujours d'un pas égal, c'est difficile ; 20° ne pas médire, c'est difficile[16].

11.

Un Charmana ayant demandé à Bouddha comment on pouvait parvenir à la voie, et comment on pouvait savoir les vies antérieures, Bouddha prononça ces mots : La voie est spirituelle et immatérielle ; *si on se contente de la savoir sans y marcher, on ne recueille aucun avantage.* Il convient de vivre en veillant avec soin sur sa volonté : c'est comme quand on polit un miroir ; après en avoir lavé soigneusement toutes les souillures et l'avoir rendu brillant, on peut alors se mirer soi-même. Celui qui, ayant retranché ses passions, passe ses jours dans une continuelle abstinence, et *pénètre l'ordre et la liaison de la doctrine*, celui-là parviendra à la connaissance des *vies antérieures*[17].

12.

Bouddha, manifestant sa doctrine, prononça ces mots : « Si on demande quel est le meilleur : c'est celui qui marche sans jamais dévier de la voie. Si on demande quel est le plus grand : c'est celui qui conforme sa volonté à la Coi. Si on demande qui est le plus fort : la force de supporter une injure est très-rare : celui qui supporte une injure sans faire de mal, est certainement honoré parmi les hommes. Si on demande quel est le plus illustre : celui qui ayant, avec toutes les impuretés de son cœur, mis ordre à sa mauvaise conduite, devenu intérieurement très-pur et sans souillures, ayant connu, depuis les temps cosmogoniques jusqu'à ce jour, tout ce qui existe dans les 10 parties du monde, parce qu'il a tout vu, tout entendu, tout compris, et obtenu l'illumination complète de toute chose, il peut s'appeler *Gegen* [18], « splendeur [19]. »

13.

Bouddha, manifestant sa doctrine, prononça ces mots : « L'homme qui fomente ses passions et qui ne s'applique pas à l'étude de la doctrine est semblable à une eau sale dans laquelle on jetterait les 5 couleurs en s'efforçant de les brouiller et de les confondre ; on a beau se baisser vers l'eau, jamais on n'y verra son image. Si on laisse les passions s'agiter, le cœur étant plein de trouble et de confusion, il ne pourra *parvenir à la connaissance de la doctrine*. Après s'être repenti de son inconduite, et avoir retranché peu à peu ses vices, si on s'approche d'un maître sage et éclairé, l'eau, déposant ses souillures, devient pure et limpide, il est possible alors de se *connaître soi-même*. Allumez un feu violent sous une chaudière, l'eau entrera bientôt en ébullition ; si, de plus, on recouvre le dessus avec une toile, les hommes auront beau regarder pour s'y mirer, ils ne parviendront jamais à voir leur image. Originairement, il existe au milieu du cœur trois vices ; s'ils viennent à bouillonner au dedans, si de plus on place les cinq couvercles (cinq sens), on ne peut parvenir à la connaissance de la doctrine. Après avoir purifié le cœur de ses souillures et de ses vices, on sait alors la source de la vie ; on connaît la périodicité de la vie et de la mort, tous les royaumes de Bouddha, et les rapports de la vertu et de la doctrine[20]. »

14.

Bouddha, manifestant sa doctrine, prononça ces mots : « L'homme qui passe sa vie dans la pratique de la vertu, est semblable à celui qui entre dans une maison obscure, une torche à la main ; aussitôt les ténèbres se dissipent et la clarté paraît. L'homme qui est parvenu à la véritable science, ayant *complètement* éteint l'ignorance et la stupidité, il n'est rien qui ne soit *lumineux* pour lui[21]. »

15.

Bouddha, manifestant sa doctrine, prononça ces mots : « Si vous demandez ce que je pense,...

je pense la doctrine… Si vous demandez ce que je pratique,… je pratique la doctrine… Si vous demandez ce que je parle,… je parle la doctrine : moi qui médite et approfondis la vraie doctrine, un instant même je ne puis la perdre de vue[22]. »

16.

Bouddha, manifestant sa doctrine, prononça ces mots : « Si je contemple le ciel et la terre, je me dis : ils ne sont pas éternels… Si je contemple les fleuves et les montagnes, je me dis : ils ne sont pas éternels… Si je contemple tous les êtres si variés et si féconds dans leurs formes et leurs espèces, je me dis : ils ne sont pas éternels… Qu'on assujettisse son cœur, on entrera dans la vie. »

17.

Bouddha, manifestant sa doctrine, prononça ces mots : « L'homme qui, pendant un jour entier, médite et pratique la vertu, sans relâche et sans interruption, ayant su régler sa conduite, entrera dans un bonheur sans fin[23]. »

18.

Bouddha, manifestant sa doctrine, prononça ces mots : « Si je considère au-dedans de moi les quatre éléments, quoique chacun d'eux ait un nom, cependant, ce qui constitue le moi est innommé... Cette vie passagère ne dure pas longtemps en réalité, *c'est une illusion et voilà tout*[24]. »

19.

Bouddha, manifestant sa doctrine, prononça ces mots : « L'homme qui met sa volupté et sa passion à rechercher un nom, est semblable à un parfum qui brûle, tandis que tous les hommes respirent son odeur ; il ne peut s'exhaler qu'en se consumant lui-même. La fausse gloire des insensés, qui recherchent les flatteries, sans se mettre en peine de la vérité, ne les délivre pas, malgré leur repentir, des peines de ce nom illustre qu'ils ont acquis et qui fait leur tourment[25]. »

20.

Bouddha, manifestant sa doctrine, prononça ces mots : « L'homme qui convoite les richesses est semblable à un jeune enfant qui, avec la pointe d'un couteau acéré, veut goûter du miel : sans avoir eu le temps de savourer ce qui n'a fait qu'effleurer ses lèvres, il ne lui reste plus que les cuisantes douleurs d'une incision à la langue[26]. »

21.

Bouddha, manifestant sa doctrine ; prononça ces mots : « Les tourments de l'homme, entravé dans la famille par une femme et des enfants, sont plus terribles que les chaînes de fer qui tiennent un homme, pieds et poings liés, dans l'intérieur d'une prison : quoiqu'il soit gardé à vue, encore y a-t-il pour lui un jour de délivrance. L'homme qui s'est passionné pour sa femme et ses enfants, bien qu'il en ait éprouvé des tourments semblables à la morsure du tigre, parce qu'il s'est mis lui-même dans ces tortures, jamais pour lui ne se lèvera le jour de délivrance[27]. »

22.

Bouddha, manifestant sa doctrine, prononça ces mois : « Il n'y a pas de passion plus violente que la volupté ; rien ne va au delà de la volupté. Par bonheur, il n'y a qu'une seule passion de ce genre, car, s'il y en avait deux, en tout l'univers, pas un seul homme qui pût suivre la vérité[28]. »

23.

Bouddha, manifestant sa doctrine, prononça ces mots : « Les hommes qui nourrissent leurs passions sont comme si, prenant une torche à la main, ils marchaient contre le vent ; si les insensés ne rejettent pas cette torche, leur main ressentira certainement les brûlantes atteintes de la flamme. L'homme qui se laisse tyranniser par l'impudicité, la colère et la stupidité, s'il ne se hâte d'en neutraliser le poison par la vertu, il est certainement semblable à l'insensé qui, tenant une torche à la main, ressent les brûlantes atteintes de la flamme. »

24.

En ce temps-là un esprit céleste présenta une belle fille à Bouddha, dans le dessein de tenter son cœur et d'éprouver sa vertu, Bouddha prononça ces mots : « Sac de peau, rempli de toutes sortes d'immondices, que viens-tu faire ici ? Tu peux séduire les gens du monde, mais tu n'ébranleras jamais les 6 intelligences ; va-t'en, je n'ai que faire de toi.» Ayant ainsi parlé, l'esprit céleste, plein du plus profond respect pour Bouddha, lui demanda l'initiation aux prières et à la doctrine : et, parce que Bouddha daigna l'initier aux mystères, il obtint le rang de *Sourtaban*[29]. »

25.

Bouddha, manifestant sa doctrine, prononça ces mots : « L'homme qui pratique la vertu est semblable à un morceau de bois placé au milieu d'un fleuve, allant toujours d'après le courant de l'eau ; s'il ne va heurter ni la rive gauche, ni la rive droite, si les hommes ne l'enlèvent pas, si les esprits ne le font pas disparaître, si enfin il ne se corrompt pas, moi je protégerai son entrée dans la mer. L'homme marchant dans la pratique de la vertu, s'il ne se laisse pas ébranler par les passions, s'il n'est pas dominé par ses vices, s'il s'efforce d'avancer toujours, sans jamais chanceler, je protégerai son entrée dans la vérité[30]. »

26.

Bouddha, manifestant sa doctrine, prononça ces mots : « Garde-toi de suivre à volonté ton propre sentiment ; *il n'est jamais permis de suivre son propre sentiment*. Garde-toi de t'abandonner à la volupté ; si tu t'abandonnes à la volupté, les calamités naîtront sous tes pas. Quand tu auras obtenu la vertu d'*Arahoun*, alors seulement tu pourras suivre ton propre sentiment[31]. »

27.

Bouddha prononça ces mots en présence de tous les Charmanas : « Garde-toi de regarder les femmes… Si tu te rencontres avec elles, que ce soit comme n'y étant pas. Garde-toi de parler avec les femmes ; si tu parles avec elles, veille avec soin sur ton cœur… Que ta conduite soit irréprochable, te disant intérieurement : Moi qui suis un Charmana résidant dans ce monde fangeux, je dois être semblable à la fleur de nénuphar, qui ne contracte pas de souillures au milieu du cloaque. Si c'est une vieille femme, pense que c'est ta mère ; si c'est une personne âgée, pense que c'est ta sœur aînée… Si c'est une jeune, pense que c'est ta sœur cadette… Si ce sont de jeunes enfants, traite-les avec les égards convenables… Et si quelque sentiment déréglé vient à surgir dans ton cœur, recueille-toi profondément, te disant à toi-même : « Des pieds jusqu'à la tête, qu'y a-t-il dans cette personne ?… Malice et impureté… C'est un réceptacle de toutes sortes d'immondices, voilà tout. » Repousse ces mauvais sentiments en répétant intérieurement ces paroles[32].

28.

Bouddha, manifestant sa doctrine, prononça ces mots : « L'homme qui marche dans la pratique de la vertu doit se regarder en présence de ses passions comme une herbe combustible devant un grand feu ; l'homme jaloux de sa vertu doit s'enfuir à l'approche de ses passions[33]. »

29.

Un homme attristé de ne pouvoir triompher des *pensées mauvaises* qui l'obsédaient, tournant contre lui-même le tranchant d'une hache, se donna le coup de la mort. Bouddha, le suprême des êtres, lui adressa ces mots : « Trancher la vie, ne vaut pas trancher les dérèglements du cœur ; le cœur, c'est la racine de tout ; après avoir détruit le principe et la racine, tout ce qui en procède s'évanouit. Ne pas trancher les pensées mauvaises, trancher au contraire ta vie, quel bien en résulte-t-il ?... » Bouddha ayant ainsi parlé, cet homme mourut aussitôt. Bouddha prononça alors ces mots : « Les faux jugements du monde ressemblent à ceux de cet homme insensé[34]. »

30.

Une fille impudique avait donné rendez-vous à un homme : comme au temps fixé il ne paraissait pas, s'abandonnant au repentir, elle se dit à elle-même : « Ô passion ! je connais ton principe et ta source, c'est de mes *propres pensées que tu as pris naissance* ; si je n'avais pas pensé à toi, certainement tu ne serais pas née. » Bouddha, en passant, l'entendit ainsi parler, il dit alors au Charmana : « C'est un souvenir de la sentence que Chekia-fo a laissée dans le monde[35]. »

31.

Bouddha, manifestant sa doctrine, prononça ces mots : « Les tourments naissent des passions ; la crainte naît des tourments... Point de passions, point de tourments; point de tourments, point de crainte. »

32.

Bouddha manifestant sa doctrine, prononça ces mots : « Celui qui marche dans la pratique de la vertu est semblable à un homme qui se bat contre 10, 000 ennemis. Couvert de sa cuirasse, la lance à la main, il s'avance hors de la porte et se dit : Allons combattre. Ou bien, tremblant de peur, il revient sur ses pas ; ou bien il s'arrête au milieu de la route ; ou bien il meurt en se battant ; ou bien il remporte une grande victoire, et, de retour dans son royaume, il est élevé au comble des honneurs. L'homme qui, d'un cœur sincère et courageux, fait tous ses efforts pour *avancer continuellement dans la vertu* sans se laisser ébranler par les trompeuses et hypocrites maximes du monde, finira par éteindre les passions, purifier le cœur et se *confondre enfin dans le grand principe*[36]. »

33.

Un homme qui passait les nuits à chanter les prières témoigna par sa voix triste et oppressée, de l'abattement, et la volonté de s'en retourner : Bouddha fit appeler ce Charmana et lui dit : « Au temps où tu habitais dans ta famille, que faisais-tu ? » Il répondit « Je pinçais sans cesse une guitare. » — Bouddha lui dit : Si les cordes de la guitare se relâchaient, qu'arrivait-il ? — Je n'obtenais pas de son. — Si les cordes étaient trop tendues, qu'arrivait-il ? — Les sons étaient entrecoupés. — Lorsque les cordes obtenaient un juste équilibre de tension et de souplesse, qu'arrivait-il ? — Tous les sons s'accordaient dans une parfaite harmonie ». Bouddha prononça alors ces mots : « Il en est de même de l'étude de la doctrine : après avoir pris empire sur ton cœur et réglé ses mouvements avec mesure et harmonie, il parviendra à l'acquisition de la vérité. »

34.

Bouddha, manifestant sa doctrine, prononça ces mots : « L'homme qui s'applique à la pratique de la vertu est semblable à un fondeur de fer : après avoir, petit à petit, bien purifié sa matière, certainement il confectionnera un beau vase. En *étudiant la vérité*, après avoir lavé insensiblement les souillures du cœur, ou marche avec succès dans la pratique de la vertu. S'il n'en est pas ainsi, le corps perd sa vigueur ; si le corps perd sa vigueur, la volonté s'impatiente et s'irrite ; si la volonté s'irrite, la marche rétrograde ; si la marche rétrograde, on commet des prévarications. »

35.

Bouddha, manifestant sa doctrine, prononça ces mots. « L'homme, qu'il pratique la vertu ou qu'il ne la pratique pas, est *certainement malheureux*. Pour l'homme seul, depuis la naissance jusqu'à la vieillesse, depuis la vieillesse jusqu'à la maladie, depuis la maladie jusqu'à la mort, les diverses misères qu'il endure sont infinies. Un cœur colère accumule les prévarications ; à la vie, à la mort, il a beau se tourner et se retourner, les misères qu'il endure sont innombrables[37]. »

36.

Bouddha, manifestant sa doctrine, prononça ces mots : « Celui qui parvient à s'éloigner des 3 mauvaises voies, obtient difficilement de transmigrer dans la voie humaine ; s'il a obtenu de passer dans la voie humaine, évitant l'état femelle, naître mâle est difficile ; s'il a obtenu de naître mâle, la perfection des 6 organes est difficile ; s'il a obtenu la perfection des 6 organes, naître dans le *royaume central* est difficile ; s'il est né dans le royaume central, connaître la doctrine de Bouddha, c'est difficile ; s'il a obtenu de connaître la doctrine de Bouddha, être mis au rang des princes de la doctrine, c'est difficile ; avoir été mis au rang des princes de la doctrine, et naître dans la famille de *Poussa*, est difficile ; s'il est né dans la famille de Poussa, le cœur ayant foi aux 3 *mystères*, il est difficile d'être placé dans le *royaume de Bouddha*[38]. »

37.

Bouddha fit cette demande aux Charmanas : « À combien de temps est fixée la vie d'un homme ? » Ils répondirent : « Elle est fixée à quelques jours. » Bouddha prononça ces mots : « Vous n'avez pas encore acquis la connaissance de la doctrine. » S'adressant ensuite à un Charmana, il lui fit cette demande : « À combien est fixée la vie d'un homme ? » il répondit : « Elle est fixée au temps de prendre un repas. » Bouddha prononça ces mots : « Va-t'en. Toi non plus, tu n'as pas l'intelligence de la doctrine. » Bouddha s'adressant ensuite à un autre Charmana, il lui fit cette demande : « À combien de temps est fixée la vie de l'homme ? » il répondit : « Au temps qu'il faut pour émettre un souffle. » Après qu'il eut ainsi parlé, Bouddha prononça ces mots : « C'est bien, on peut dire que tu as acquis l'intelligence de la doctrine[39]. »

38.

Bouddha manifestant sa doctrine, prononça ces mots : « Mes chers enfants, si vous vous éloignez de moi, quoique vous en soyez séparés de 1,000 lis, pourvu que vous *conserviez mes préceptes* dans votre cœur, certainement vous parviendrez à l'acquisition de la voie ; quoique vous soyez à mes côtés, si votre volonté s'abandonne aux choses perverses, à tout jamais vous ne parviendrez à l'acquisition de la voie. En réalité, il faut marcher ; quoique vous soyez près, si vous ne marchez pas, sur 10 mille avantages, vous n'en obtiendrez pas un seul. »

39.

Bouddha, manifestant sa doctrine, prononça ces mots : « L'homme qui pratique la vertu est semblable à celui qui mange du miel ; le miel, soit au dedans, soit au dehors, est plein de douceur. Il en est ainsi de mes prières : leur vérité est très-savoureuse ; celui qui marche entrera dans la voie. »

40.

Bouddha, manifestant sa doctrine, prononça ces mots : « L'homme qui, en pratiquant la vertu, s'applique à extirper la racine de ses passions, est semblable à celui qui déroule entre ses doigts les perles d'un chapelet ; s'il va les prenant une à une, il arrive facilement au terme ; en extirpant un à un ses mauvais penchants, on obtient la perfection[40]. »

41.

Bouddha, manifestant sa doctrine, prononça ces mots : « Le Charmana qui pratique la vertu doit se regarder comme le bœuf à long poil[41], qui, chargé de bagages, chemine au milieu d'un profond bourbier ; harassé de fatigue, il n'ose regarder ni à droite, ni à gauche, espérant toujours sortir de la boue et arriver au lieu du repos. Le Charmana qui regarde ses passions comme plus terribles que cette boue, s'il ne détourne jamais les yeux de la vertu, obtiendra l'exemption de tout chagrin. »

42.

Bouddha, manifestant sa doctrine, prononça ces mots : « Je regarde la dignité des rois et des princes comme des gouttes d'eau aux fissures des montagnes. — Je regarde les monceaux d'or et les pierres précieuses comme de la brique et des pierres. — Je regarde les habits de soie et de taffetas comme de vieux haillons. — Je regarde les 10,000 grands mondes comme autant de grains de moutarde. — Je regarde l'eau des 4 mers comme l'eau dont on se sert pour laver les pieds. — Je regarde la prudence et ses moyens comme un navire rempli de trésors. — Je regarde l'étude des grandes prières comme l'or et la soie présagés dans les songes. — Je regarde l'étude de la doctrine de Bouddha comme une fleur qui est devant les yeux. — Je regarde les *contemplations extatiques* comme une colonne aussi ferme que la montagne Soumiry. — Je regarde la *poursuite du Nirvan*[42] comme une veille pendant le jour et pendant la nuit. — Je regarde la rectitude et la fourberie comme un bal de six dragons. — Je regarde la classe des gens paisibles et tranquilles comme un champ *où germent les vérités*. — Je regarde les mutations de la fortune comme l'arbre des quatre saisons[43]. »

Les *Biktcho* ayant entendu les enseignements que Bouddha venait de prononcer, tous, pleins de joie, se mirent à sa suite.

-----

1. *En ce temps-là* : on reconnaît là une de ces formes si usitées dans l'Évangile et dans l'Ancien Testament ; mais la diffé-

rence essentielle, c'est que dans la Bible, *ce temps-là* est connu chronologiquement, et dans le monde bouddhique, ce mot est jeté dans l'espace sans aucune limite. Est-ce une imitation de l'Évangile comme le feraient croire divers préceptes qui en semblent extraits ? est-ce une imitation du Pentateuque ? On ne sait.

2. Roue à prières. Voyez l'explication de la roue priante et de la prière gravée sur sa circonférence, dans le cahier de mai du *Journal asiatique*, 1847, p. 462.

3. Il y a deux choses à considérer dans ce paragraphe : la première, c'est cet état de *contemplation* et de *quiétisme* qui, quoique ancien, annonce déjà une époque où la philosophie aurait remplacé la *tradition* ; en deuxième lieu, l'action de Bouddha qu'on représente *révélant* lui-même et exposant extérieurement la loi morale ; ainsi donc, même chez les bouddhistes, on ne suppose pas que l'on peut *trouver la morale* par la contemplation, ou dans l'*essence des choses, les lois naturelles*, la *conscience*, comme le soutiennent faussement, imprudemment et sottement les philosophies de quelques catholiques, qu'il faut absolument réformer sur ce point essentiel.

4. L'expression *sorti de sa maison*, en chinois, *Tchou-kia-jen*, signifie un homme qui a renoncé au monde pour se dévouer aux choses religieuses ; c'est exactement le sens que nous attachons au mot *religieux* dans la langue française, et que les tartares et les thibétains expriment par le mot *Lama*. Un *Tchou-kia-jen* est nécessairement astreint à la continence ; il est opposé *Che-sou-jen, homme du monde*.

5. Les mots *Charmana, Arahoun* etc., expriment les degrés de perfection auxquels parviennent les *Lamas* par la transmigration heureuse. Ces termes sont tirés du texte mantchou.

6. L'ascétisme mystique, la métempsychose, la transmigration, apparaissent déjà dans ce premier commandement. Il s'agit donc d'une époque postérieure aux vraies *notions traditionnelles*, qui déjà avaient été expliquées et dénaturées par la philosophie.

7. Voilà déjà l'*apothéose de l'homme* déduite logiquement de la seule contemplation de son propre cœur. C'est logique : si l'homme n'a besoin que de rentrer dans lui-même pour y trouver l'*intelligence de la nature incréée de Dieu*, cet homme-

là n'a plus rien à chercher : il a Dieu en lui, il peut s'appeler la *voie*, comme le Christ ; comme lui il peut se dire *Dieu*. Nos philosophes, qui prétendent trouver en eux Dieu, l'infini, le vrai, le faux, le bien, le mal, la voie enfin, et qui pourtant s'appellent encore *hommes*, ont tort : dans la réalité, ils sont *dieux*. Avis à nos professeurs de philosophie dite catholique qui fabriquent ainsi la religion et la morale naturelles sans l'intervention de la *tradition*.

8. Tout homme qui fait profession de *Lama* se rase entièrement les cheveux et la barbe pour exprimer qu'il rejette entièrement les superfluités du monde. Les hommes du monde s'appellent *hé-Jen, hommes noirs*, termes qui répondent au mot *laïc* de la langue française.

9. Le *Badir* est un petit vase en airain que les lamas tiennent à la main lorsqu'ils vont recueillir des offrandes. Tout dévot bouddhiste se fait un bonheur de pouvoir déposer quelque présent dans le *Badir*.

10. On remarquera cette dernière prescription qui est très-belle et presque évangélique.

11. Voilà le *panthéisme* ; mais la conclusion est logique ; celui qui *a trouvé en soi*, et par la seule force de la *contemplation*, de l'*intuition*, l'absolu, l'infini, Dieu ; celui-là est une *émanation de Dieu*, laquelle retournant à son origine, doit s'y *confondre* avec son principe. Les philosophes chrétiens *intuitistes* qui ne vont pas jusque-là sont inconséquents. Mais l'esprit humain en général est logique ; aussi il va au *panthéisme ; il y est* ; et, s'il y est, comment ne pas reconnaître qu'on lui a donné des principes qui l'y mènent.

12. Beaux préceptes sur le danger d'accumuler les péchés et sur l'efficacité du repentir pour se réhabiliter ; tout cela est digne de l'évangile auquel il a été peut-être emprunté.

13. Beaux préceptes qui doivent prouver que, même dans les sectes païennes, on pratique encore des vertus évangéliques, telles que de rendre le bien pour le mal. Voilà de ces croyances qui ont bouleversé la tête de quelques-uns de ceux qui sont appelés penseurs ; ils n'ont plus voulu croire au Christianisme, parce qu'ils ont vu de beaux préceptes de morale chez les infidèles ; ils en ont même conclu que c'était là que le Christianisme avait puisé sa doctrine. Ils oubliaient seulement deux choses ; la première, c'est qu'il a

existé une morale pure et révélée dès le commencement du monde, et pratiquée par les patriarches fondateurs des peuples ; la deuxième, c'est que cette pièce est peut-être du 8e ou du 13e siècle, et que c'est elle qui a emprunté au Christianisme.

14. Très-beau précepte encore, ainsi que le suivant.

15. Voici un précepte qui s'écarte tout à fait de l'esprit de l'Evangile, on y sent le chef de secte, qui pose pour lui et pour les siens des privilèges, et cherche, par des moyens tout temporels, à augmenter le nombre de ses fidèles. Ce sont ces préceptes qui ont peuplé l'Inde et le *Thibet*, de *Lamas*, d'*Ioghis* et de *Brahmanes*, lesquels ont concentré, entre les mains, la plus grande partie des biens de ces peuples.

16. Il faut noter ici le 12e cas où il est enseigné qu'il est difficile de ne pas mépriser un homme qui n'est pas instruit de la doctrine bouddhique ; c'est le contraire de ce que dit Jésus : « Heureux les esprits doux, parce qu'ils posséderont la terre; » et le 18e où l'on ramène toute la perfection à suivre sa conscience, précepte qui a passé dans nos philosophies *catholiques*. On comprend bien cela chez les bouddhiques où la conscience humaine fait *partie de Dieu*, mais pour les catholiques qui ont la loi extérieure et positive de Dieu; les renvoyer à leur conscience, c'est supprimer le précepte positif de Dieu, et peser les principes du panthéisme où la société se trouve plongée en ce moment.

17. Il y a là un beau précepte qui semble emprunté à saint Jacques qui dit : « Celui qui écoute la parole et ne la pratique point est semblable à un homme, qui voit son image dans un miroir : il s'est vu, s'en va, et oublie aussitôt ce qu'il est » Mais à la fin on retrouve la grande erreur bouddhique, adoptée par les philosophes métaphysiciens de l'école chrétienne, qui ont fait consister la perfection dans l'intuition, *dans la contemplation de la vérité*. C'est cette doctrine qui a fait les *yoghis* indiens et les *quiétistes* si souvent frappés par l'Église ; l'homme en ce monde est fait pour *pratiquer* la loi imposée par Dieu, et non pour la *contempler* stérilement ; celui-ci, comme vient de le dire saint Jacques, est semblable à l'homme « qui contemple son image (*le moi*) dans un miroir (*sa conscience*) et qui ensuite se retire…

pas plus avancé qu'avant ; » *du moi*, il n'a jamais pu arriver au *non moi*. Demandez aux Allemands.

18. *Gegen* est un mot mongol, il exprime un degré de la hiérarchie lamaïque.

19. Ce précepte n'est pas très-clair dans sa dernière partie. On y peut trouver, ce qu'au reste tous les *quiétistes* y ont trouvé, que les *œuvres extérieures* n'étaient rien ; qu'il suffisait d'*illuminer l'esprit* et de l'*instruire*, et qu'alors, même avec les actes les plus coupables, *le cœur restait toujours pur*.

20. Il faut bien distinguer ici l'origine première de cette doctrine toute platonique que la *connaissance de la doctrine ou de la règle* ne peut nous arriver qu'après que nous aurons corrigé nos passions. Nous avons vu dans un de nos derniers cahiers, qu'elle avait séduit même saint Augustin, qui ensuite l'a rétractée. Elle est encore répétée par un grand nombre de philosophes chrétiens qui, comme le P. Chastel, disent que si un homme ne *connaît* pas la doctrine, cela vient de ses *passions*. Mais il y a ici une distinction essentielle à faire ; sans doute les passions obscurcissent l'esprit, et empêchent l'action de l'intelligence, mais cela n'empêche pas de dire que la *connaissance de la loi* doit toujours précéder la correction de ses passions. Supposez, en effet, que *réellement* il n'y eut aucune connaissance de la loi, comment cet homme corrigerait-il ses passions ; comment saurait-il qu'il est hors de la règle, s'il ne connaît point de règle ? Vous voulez que je corrige mes défauts pour connaître la règle, mais si j'ai pu corriger mes passions sans règle, qu'ai-je besoin de la règle ? n'est-ce pas sur la règle même que je dois corriger mes passions ? — Toute la difficulté vient de ce que nos philosophes chrétiens ont voulu, comme Bouddha, *trouver la règle et la loi dans l'intérieur de l'homme* ; alors, en effet, si cet intérieur est bouleversé, si c'est une eau trouble, comment y trouver une règle, comment y voir une image ? mais grâce à Dieu, ce n'est pas ainsi qu'*historiquement* Dieu a donné la règle ; c'est à l'extérieur que la règle est posée, elle est dans la *tradition* qui la donne par l'enseignement ; le cœur a beau être troublé, les passions ont beau s'agiter, la loi est toujours ferme, droite et brillante, à l'extérieur ; toutes les passions ne troubleront jamais l'admirable et brillante *clarté de*

l'Évangile ; cette clarté pénétrera forcément dans quelque coin de ce cœur troublé, et l'éclairera par mille conduits ; il sera forcé de la *connaître*. S'il ne la suit pas, c'est qu'il ne veut pas la suivre, la règle existe. Que si vous la placez dans le *cœur*, il est clair que dès que le cœur est troublé, elle n'existe plus, ou elle est invisible. Mais non, non ; la règle n'est pas renfermée dans la chaudière bouillante du cœur, ni recouverte des cinq couvercles des sens, comme le dit Bouddha, et comme l'enseignent les *lamas* du Thibet et un grand nombre de *lamas* chrétiens.

21. On voit ici le leurre donné à ces pauvres *contemplateurs*, thibétains, indiens, allemands, français, que l'esprit humain peut, en ce monde, arriver à la véritable science, en éteignant *complètement* l'ignorance, de manière qu'il n'est rien qui ne soit lumineux pour lui ; c'est là que roule toute la théorie et tout l'espoir de la science humanitaire progressive ; c'est une pure illusion. Saint Paul comprenait mieux le véritable état de l'homme quand il disait:« Nous voyons maintenant dans un miroir, et comme dans une énigme, ce n'est que dans le ciel que nous verrons la vérité face à face, et telle qu'elle est »

22. *Pratiquer la doctrine* ; voilà le vrai devoir de l'homme, le précepte évangélique ; malheureusement on a réduit la doctrine bouddhique à mettre seulement en pratique la contemplation de cette même doctrine ; ce qui dit la suppression même de l'action ou de la pratique.

23. Voilà encore un de ces préceptes que l'on dirait extraits de l'Évangile.

24. Il y aurait là une grande vérité sur la vanité des choses de ce monde, si les bouddhistes ne prenaient pas au pied de la lettre le mot que tout n'est qu'*illusion*, qu'il n'existe rien de *réel*, que nous ne sommes qu'un songe de Brahma, et que cet univers n'est qu'une grande *maya*, ou *illusion*.

25. Ce précepte serait tout à fait évangélique si l'on ne proclamait pas que *même le repentir* ne délivre pas des fautes du péché ; car, notez qu'il ne s'agit pas de l'autre monde.

26. Très-belle sentence exprimée par une image juste et ingénieuse.

27. C'est ici un des préceptes où l'on reconnaît le plus la fausseté de la doctrine bouddhique. Il y suppose que l'état le

plus naturel, c'est-à-dire l'état même où Dieu a voulu placer l'homme, est un obstacle insurmontable à la délivrance. On dirait que tous les souvenirs, tous les instincts, y sont oubliés ou sacrifiés. On a oublié le précepte primitif : « Croissez et multipliez, l'homme et la femme seront deux dans une seule » chair *(Genèse*, I, 22 ; H, 24.). » Je ne voudrais pas d'autre preuve pour démontrer que la religion bouddhique a été formulée par quelques dévots *yoghis*, quelques-uns de ces solitaires qui, dans l'Inde, ont peuplé les forêts, et qui, en ce moment même, peuplent les environs de *Lhassa*. On y voit le chef de secte qui a songé à peupler *son couvent*, à augmenter son influence, plutôt que le législateur répétant les paroles de Dieu. Combien l'Évangile est éloignée de ces exagérations. Saint Paul nous dit, il est vrai, « que les » personnes mariées éprouveront les tribulations de la chair*(I Cor.*, VII, 28.) ; » mais il ajoute, en parlant de la femme, qui doit le plus en éprouver, « elle sera » sauvée par la génération des enfants*(I Timot.*, il, 15.) ; » et ailleurs, il compare l'état de famille à l'union qui existe entre le Christ et son église. « C'est un » grand sacrement dans le Christ et dans l'Église*(Aux Eph.*, III, 32.). »

28. Voilà encore une de ces grandes vérités que l'esprit de secte n'a pas pu effacer ; son expression est même très-remarquable.

29. La séduction de l'homme par la femme et la funeste influence de la volupté sur la pratique de la vertu, sont deux des préceptes antiques qui sont restés le plus profondément empreints dans l'esprit oriental.

30. Très-belle tradition prouvant que l'action divine et l'action humaine ont toujours été nécessaires pour pratiquer la vertu, et que jamais la protection divine ne manque à celui qui fait tous ses efforts pour résister à ses passions.

31. Voilà un avertissement bien sévère donné par un bouddhiste à tous ces professeurs de philosophie qui ont fondé toute la morale *sur les idées innées*, sur la conscience, c'est-à-dire sur le *sentiment* ou particulier ou général, et toute la philosophie sur la *raison*, c'est-à-dire encore sur le *sentiment propre*. En fait de dogme et de morale, il faut que le *sentiment propre* ou *particulier* se conforme à la loi de Dieu,

c'est-à-dire à la *révélation positive*, laquelle n'a jamais manqué à l'homme ; car dès le commencement il a fait connaître sa volonté positive, il a donné sa loi ; et les hommes, fondateurs des peuples, l'ont portée partout. Ce qu'il y « de vrai dans les préceptes de Bouddha, ce n'est pas l'auteur, quel qu'il soit de ces préceptes, qui l'y a mis. Il ne les a pas inventés, il les a trouvés dans la tradition. L'esprit propre, ou la raison, n'est pas éteint ou supprimé pour cela ; c'est lui qui accepte, reçoit ; puis examine, discerne.

32. Il y a là une admirable doctrine sur la pureté qui doit présider aux rapports des hommes et des femmes ; ces pensées de mère, de sœur, de respect pour les jeunes enfants, tout cela est admirable de sainteté ; et il nous serait facile de trouver des textes semblables dans saint Jérôme et dans bien d'autres Pères. Les dernières paroles, bien qu'exagérées, nous font voir combien la femme est méprisée de tous ceux qui ne sont pas chrétiens ; elles prouvent surtout combien le souvenir de la part que la femme avait prise à la chute primitive, était vivant dans les souvenirs de l'Orient.

33. Voilà encore des préceptes tout à fait évangéliques. On comprend que des peuples, imbus de ces préceptes, ont peu à changer à leur conduite ; ils n'ont plus qu'à connaître le *complément* de la loi apporté par le Christ.

34. Voici encore un admirable précepte et contre le suicide, et sur la nécessité de corriger ou de circoncire le cœur, plutôt que de détruire sa vie ; mais que l'on se souvienne bien qu'il est très-probable que cette morale est la morale primitive, si toutefois elle n'a pas été empruntée au Christianisme.

35. Voilà la découverte d'une des sources les plus fécondes de toutes les mauvaises actions ; c'est de nos *propres pensées* qu'elles reçoivent la naissance. Et cependant c'est dans les *pensées* que toute la philosophie nous apprend à chercher et à former le dogme et la morale. Il y a plus de christianisme dans ces préceptes que dans cette sentence du P. Chastel et de plusieurs philosophes catholiques qui disent : « La loi naturelle, *gravée dans le cœur de chacun de nous*, est promulguée par la *voix de la raison et de la conscience*.

36. Admirables préceptes, tous chrétiens ; à l'exception de la dernière ligne exprimant la grande, erreur, Lamenaisienne et Brahmaniste, l'unité de substance.

37. Le souvenir et le sentiment de la chute et de la punition sont profondément empreints dans ce paragraphe ; l'Ancien et le Nouveau Testament professent la même doctrine du triste sort de la race d'Adam.

38. Nous voilà retombés en plein dans les inventions bouddhistes, des *transmigrations, renaissances*, etc. Quand ces erreurs ont-elles commencé, et par qui ? Jusqu'à présent, ou ne peut le dire. Peut-être le trouvera-t-on quelque jour dans ce grand nombre de livres brahmaniques et bouddhistes qui restent à traduire. Qu'est-ce que c'est que ces *trois mystères*, qu'est-ce que c'est que le *royaume de Bouddha* ? On ne sait. Que l'on se souvienne pourtant de ce que nous a appris Wilford, que souvent le *Christ* a été appelé *Bouddha*, dans l'Inde.

39. Nos livres aussi sont remplis d'images vives et touchantes sur la brièveté de la vie de l'homme. C'est une fleur qui, aujourd'hui, est fauchée, etc. ; tout cela est très-beau.

40. On croirait encore lire un de nos livres d'exercices de la vie spirituelle. Saint Ignace, saint François de Sales, parlent presque dans les mêmes termes.

41. L'yak, animal très-commun dans le Tibet. Il y est à l'état domestique ; il fournit d'excellent lait ; la viande en est préférable à celle du bœuf ordinaire. Bœuf à long poil est le nom que lui donnent les Chinois.

42. Le Nirvan est l'*apothéose bouddhique*, et non pas le *nihilisme*, comme l'ont cru plusieurs savants.

43. Après plusieurs sentences très-belles sur la vanité des choses de ce monde, on remarquera le principe de l'*illuminisme* et du panthéisme posé dans la *contemplation extatique*, et dans les vérités qui sont *en germe* dans notre âme. Ce sont les principes du panthéisme allemand et de l'éclectisme français. La philosophie n'a pas fait un pas depuis cette époque. Pourquoi faut il que ces principes se trouvent exprimés ou sous-entendus dans nos philosophies catholiques ?

EXTRAIT DES ANNALES CHINOISES SUR LA VENUE D'UN SAINT EN OCCIDENT.

La 24ᵉ année du roi *Tcheou-tchao*, qui est celle du *tigre vert*, 8ᵉ jour de la 4ᵉ lune, une *lumière*, apparaissant au sud-ouest, illumina le palais du roi. Le roi, voyant cette splendeur, interrogea les sages habiles à prédire l'avenir ; ces sages lui présentèrent *les annales*, où il était écrit que cela présageait que, du côté de *l'occident, apparaîtrait un grand SAINT*, et que 1,000 ans après sa naissance, sa religion se répandrait dans ces lieux[1].

La 53ᵉ année du règne de *Mou-wang*, qui est celle du *singe noir*, le 15ᵉ jour de la 2ᵉ lune, *Bouddha* s'incarna[2].

1013 ans après, sous la dynastie des *Han-ning*, la 7ᵉ année du règne *Young-ping*, le 15ᵉ jour de la 1ᵉʳᵉ lune, le roi vit en songe un homme de *couleur d'or*, resplendissant comme le soleil, et dont la stature s'élevait à plus de 10 pieds. Etant entré dans le palais du roi, cet homme dit : « Ma religion s'étendra dans ces lieux. »

Le lendemain, le roi interrogea les sages ; l'un d'eux, nommé Fou-y, ouvrant les *annales du temps* du roi Tcheou-tchao, déclara les rapports qui existaient entre le songe du roi et ces annales.

Le roi, consultant tous les *anciens livres*, ayant trouvé le passage qui correspondait au temps de Tcheou-tchao, fut plein d'allégresse[3].

Alors il envoya le prince Tsoung (son frère) avec dix huit hommes chercher dans l'*occident* la religion de Bouddha. Dès leur arrivée dans le royaume appelé *You-che*, ils rencontrèrent deux hommes initiés à la théogonie de Bouddha : l'un s'appelait Arahoun, et l'autre Banchita ; ils portaient sur un cheval blanc une image peinte de Bouddha, le recueil des 42 *points d'enseignement* de ce saint, ses prières grandes et petites, et enfin un ossement de Bouddha, le tout contenu dans un vase d'argile[4].

Le prince Tsoung s'en alla avec eux ; et la 10e année du règne Young-ping, le 30e jour de la 12e lune, ils arrivèrent à la ville de *Lo-yang* ; ensuite, 6 ans après, ces deux personnages, *Arahoun* et *Banchita*, endoctrinèrent les *Tao-sse* et en firent leurs partisans ; s'élevant ensuite dans l'espace, ils firent entendre au roi les vers suivants :

« Le renard n'est pas de la race des lions ; la

lampe n'a la clarté ni du soleil, ni de la lune ; le lac ne peut pas se comparer à la mer ; les collines ne peuvent pas se comparer aux montagnes » élevées… Le nuage des prières se dilatant sur toute la surface de la terre, leur rosée bienfaitrice fécondant les germes du bonheur, et les rites divins opérant partout de merveilleux changements, tous les peuples marcheront dans les lois de la réhabilitation[5]. »

____

1. Ce roi est *Tchao-vang*, de la dynastie des *Tcheou*. La 24e année de son règne correspond à la 1028[e] avant J.-C ; c'est l'époque précise de la naissance de *Salomon*. Il y a une chose essentielle à observer dans ce récit, c'est qu'il y avait un *livre des Annales* où était consignée la promesse qu'une *étoile*, ou *lumière*, apparaîtrait lors de la naissance du SAINT. Il faut se rappeler encore que Balaam avait dit, environ 400 ans auparavant, *une étoile sortira de Jacob*. Il ne faut donc pas tant s'étonner que les mages de la Perse attendissent cette étoile, qui les conduisit au berceau de Jésus.

2. Cet événement est postérieur à celui qui précède de 80 ans, et correspond à, l'an 948 avant J.-C, à peu près à la mort de Jéroboam. Est-ce que ce *Bouddha*, ou sage, serait le roi *Salomon* ? On sait que les années varient selon les divers textes de la Bible ; celui que nous adoptons est celui de D. Calmet.

3. Cette année 1013 correspond à la 7e du règne de *Ming-ti*, c'est-à-dire à la 67e (ou 64e) après J.-C. C'est encore une chose curieuse à noter qu'à cet intervalle les *Annales* et les *anciens livres* eussent conservé mention de cette *prophétie*. Le *Chou-king* actuel, le *Tchong-yong*, et quelques autres livres, font bien mention du saint qui devait naître, mais ne précisent pas ainsi le nombre des années. Il devait y avoir

donc d'autres livres ou d'autres détails dans les chapitres supprimés du *Chou-king*.

4. Le prince *Tsoung* était le frère du roi *Ming-ti*. Infatué de divination et du breuvage d'immortalité, il conspira contre son frère qui le fit mettre à mort. Le royaume de *You-che*, ou *Yue-chi*, était l'un des royaumes du *Si-yu*, c'est-à-dire d'*occident*. Les livres chinois donnent ce nom à l'Empire romain et à la Judée, mais est-ce bien celui désigné ici ? On ne saurait le décider. — M. Pauthier, citant *Matouanlin*, dit qu'il s'agit ici du *Thian-tchou* ou de l'*Inde*. Tout cela est à revérifier encore, en traduisant les originaux mêmes et surtout les *Traités de géographie étrangère*, si nombreux et non encore traduits. M. Pauthier nie en outre que cette prophétie se rapporte au *saint qui devait venir*, et demande de nouveaux renseignements puisés dans les livres. En voici qui précèdent le *Chou-king* actuel, remanié au 6e siècle avant J.-C ; il est bien difficile de nier cette attente générale. Nous prions nos lecteurs de se reporter aux documents beaucoup plus détaillés que nous avons donnés sur ce fait dans notre tome XIX, p. 33 (2e série).

5. Nous ne sommes pas étonnés que cette doctrine de Bouddha se soit amalgamée avec celle des *Tao-ssé*, ces chercheurs du *breuvage d'immortalité*.

APPENDICE.

Or, ce livre, dont on vient de voir l'origine, n'existait pas autrefois dans la littérature tibétaine ; d'après l'ordre de *Kien-long*, il a été traduit du *chinois* dans la langue *mandchoue*, ensuite traduit en langue tibétaine par les deux docteurs *Sobka Cheriyedouze* et *Tikiynirigatamby* ; il a été ensuite traduit en mongol par *Rabimba biyadzeiouda*. Un bienfaiteur nommé *Hou-lin*, plein de dévotion pour la religion de Bouddha, désirant faire prospérer et grandir sa sainte doctrine, offrit de l'argent et mit ses soins à faire imprimer ce livre en *quatre langues* en regard. Ce religieux travail, il le dédie aux hommes sages et illustres en vertu et piété. La religion de Bouddha, véritable trésor, ira, dans tous les âges, se dilatant et éteignant partout dans le monde les guerres, les maladies et les famines… Puissent les chefs et les peuples parvenir promptement au rang inaccessible de Badi.»

Cette traduction a été commencée à Lassa, au mois de février 1846, continuée en route, et terminée dans le Hou-pé à Kichuyhien, le 19 août.

Gabet et Huc,
Missionnaires Lazaristes.

9 791029 914775